138

DISCOURS
DE
M. ROUSSEAU.

(1789)?

DISCOURS

De M. Rousseau, prononcé le 12 Février à l'Assemblée de la Commune, sur les opinions de MM. Kormann & Briffot de Warville, relatives à la Caisse d'Escompte.

Messieurs

Lorsque la chose publique est menacée de quelque danger, tous les Citoyens lui doivent leur secours; & ne pas employer pour l'en préserver, tout ce qui est en leur puissance, seroit une lâcheté dont aucun Membre de cette Assemblée ne s'est rendu, & ne se rendra jamais coupable. La rareté du numéraire qui depuis quelques mois s'est manifestée dans la Capitale, avoit déja éveillé votre sollicitude, parce que vous savez que votre devoir spécial est d'éloigner de vos Concitoyens tous les malheurs qu'il vous est possible de prévoir. Des députations de quelques Districts sont venues accroître encore vos inquiétudes, & votre prudence vous a fait prendre le parti de nommer des Commissaires que vous avez chargé d'examiner, & les causes de cette pénurie, & les moyens d'en prévenir, tant les accroissemens que les effets. Ces Commissaires, pénétrés de l'esprit qui vous anime, ont fait tout ce qui étoit en eux pour répondre à votre confiance, ainsi qu'à l'importance de leur mission. Le récit de ce qu'ils ont appris, leurs vues, tant politiques que particulières à la Capitale, sont consignées dans le rapport qu'ils ont eu l'honneur de vous faire le 31 Janvier dernier, & l'impression que vous en avez ordonnée, vous a mis à même de rectifier les erreurs où leur zèle peut les avoir entraînés.

Une opinion qui s'étoit déja fait entendre dans cette Assemblée, vous a de nouveau été représentée avec un cortége qui seroit bien capable de déterminer en sa faveur, s'il n'étoit pas composé de calculs, & de raisonnemens qui ne sont que spécieux.

C'est alors que par une nomination de nouveaux Commissaires que vous avez chargés du soin de vous instruire si la liquidation de la Caisse d'Escompte étoit dans le moment présent une chose utile, facile, & propre à détruire le mal que nous éprouvons, vous avez donné une nouvelle preuve du desir qui vous presse de faire jouir vos commettans de la tranquillité qui est la compagne de la liberté.

Permettez-moi de vous offrir quelques observations qui, peut-être, vous aideront à prononcer sur une question qui ne sauroit être trop éclaircie, trop discutée, & dans laquelle une erreur peut produire des maux incalculables.

Je suis loin d'être l'apologiste de la Caisse d'Escompte ; aucun intérêt personnel ne m'attache à son sort : je ne suis ni porteur, ni propriétaire d'aucune de ses actions, & l'amout de mon pays est le seul motif qui me fasse agir.

J'aurai premièrement l'honneur de vous rappeller que l'Assemblée Nationale, après avoir fait examiner ses statuts, ses règlemens, & après avoir fait vérifier sa situation par une commission nommée à cet effet, a décrété qu'elle verseroit dans le trésor public 170 millions pour le service, tant des six derniers mois de l'année dernière, que des six premiers de la présente. J'ajouterai à cette observation qu'elle a préféré son papier à tous ceux qui lui ont été proposés, parce qu'elle a pensé, d'une part, que le public y étoit déja habitué par un usage de plusieurs années, & que de l'autre sa circulation éprouveroit moins d'inconvéniens, puisqu'il représenteroit une portion des biens fonds du clergé & du domaine dont elle avoit décrété la vente.

L'Assemblée Nationale avoit trop de preuves de la malice des ennemis de la révolution, pour ne pas croire qu'ils employeroient tous les moyens possibles pour le discréditer : c'est dans cette idée, dont l'expérience nous démontre la sagesse, qu'elle a ordonné qu'il seroit remis aux Administrateurs de cette Caisse, 170 millions d'assignats qui devenoient l'hypothèque spéciale des 170 millions de billets de Caisse. Elle a pensé que dans un moment où des circonstances impérieuses rendoient cette ressource indispensable, il falloit que les porteurs de ce papier fussent garantis d'une manière particulière, & qu'elle devoit multiplier les gages de leur paiement, afin de les rendre inaccessibles aux craintes dont on ne manqueroit pas de les entourer. Ce qu'elle avoit en quelque sorte prévu est arrivé : des bruits sourds & fâcheux ont circulé parmi nous : le mot de banqueroute, qu'aucun bon François ne devroit prononcer qu'avec frémissement, a frappé nos oreilles, & est venu remplir de terreur tous les Capitalistes. Ils savoient bien, nos ennemis, qu'en mettant l'intérêt personnel aux prises avec l'intérêt public, ils obtiendroient un triomphe de quelques inftans, & que leurs fophifmes feroient tout puiffans fur des hommes qui ne raifonnent plus quand ils croyent leur fortune en danger ; alors le numéraire s'eft caché, parce qu'il a été recherché avec empreffement, & cet empreffement, par une forte de providence qui place le mal à côté du bien, a éveillé la cupidité & l'avarice qui profitent aujourd'hui des frayeurs de la crédulité.

On vous a propofé la liquidation de la Caiffe d'Efcompte, comme le moyen le plus prompt & le plus certain pour arrêter les progrès de ce trafic, & on vous a préfenté fon établiffement comme la caufe de la difette actuelle du numéraire : cette Caiffe, vous a-t-on dit, a facilité à des étrangers les moyens de s'intéreffer dans nos fonds fans avancer un écu, & de percevoir de gros arrérages pour un capital qu'ils nous promettent fans ceffe, & ne nous donnent jamais. Cette affertion eft appuyée par un exemple qui a paru faire quelqu'impreffion dans l'Affemblée ; mais je ne doute pas que ce preftige ne fe foit évanoui, quand, à l'aide du raifonnement, on aura voulu le faifir.

Toutes les perfonnes inftruites des opérations de banque, qui ont fuivi celles qui ont eu lieu depuis que les dépenses de la guerre d'Amérique, & la déprédation de nos Finances nous ont forcés d'ouvrir des emprunts, vous diront avec moi, que les traites croisées auxquelles on s'est si fort attaché, ont été bientôt connues dans le public commerçant, comme papier de circulation, & que le moment de cette découverte a été celui de leur discrédit. Je ne doute pas que la Caisse d'Escompte n'en ait eu quelques-unes dans son porte feuille, parce qu'il lui étoit impossible de deviner d'abord la cause qui les avoit produites; mais avertie de ce désordre, elle a pris toutes les précautions imaginables pour se garantir de ce papier contagieux. J'en atteste ici, & je prends à témoins tous les Négocians, tous les Financiers, tous les Banquiers, & d'accord avec moi, ils vous diront qu'à cette époque elle s'est refusée presque totalement à escompter le papier de banque, qu'elle rejetoit des bordereaux qui lui étoient présentés, tout ce qui ne portoit pas l'empreinte d'une opération réelle de Commerce, & qu'enfin les signatures des principales maisons de banque de Paris, les signatures les plus capables d'inspirer la confiance, perdoient depuis un jusqu'à deux pour cent par mois. Si la Caisse d'Escompte avoit prêté son appui aux spéculateurs qui nous ont retracé le tableau des scènes que nos pères ont vues dans le temps du système de Law, assurément elle auroit été comprise dans la chûte de ces vils agioteurs; car je puis le dire ici avec vérité, il y en a peu qui ayent recueilli les fruits de leur brigandage : les plus célèbres ont succombé, & l'estime publique s'est refusée à ceux qui ont eu l'adresse de réaliser leurs bénéfices. Je puis & je dois encore vous le dire, parce que les Commissaires de l'Assemblée Nationale l'ont vu, parce que vos Commissaires l'ont [vu; cette Caisse, depuis son établissement jusqu'à ce moment, n'a perdu que 4000 liv. pour cause de faillite. Je puis encore ajouter que, parmi les 50 & quelques millions de traites, acceptations & billets, qui garnissent aujourd'hui son porte-feuille, il n'y en a aucun qui ne soit la suite d'une opération de Commerce de marchandises.

C'est donc par erreur qu'on vous a assuré que sa liquidation amèneroit une grande rentrée de numéraire. Si effectivement l'Assemblée Nationale, renonçant aux vues qui l'ont dirigée quand elle a rendu ses Décrets des 19 & 21 Décembre dernier, lui ordonnoit de cesser ses escomptes & de se liquider, il est bien certain qu'il fortiroit de la circulation une fomme de fes billets égale à celle qui fe trouve dans fon porte-feuille; mais le numéraire refteroit toujours dans les retraites où la frayeur, l'inquiétude & le defir de nuire l'ont relégué.

Je n'effayerai pas, Meffieurs, de vous peindre les malheurs qui accableroient le commerce de la ville dont vous êtes les Repréfentans, fi dans le moment le plus critique par la ceffation des ventes, par celle des paiemens, par l'abfence d'une foule de débiteurs qui font ou retirés chez l'Etranger, ou cachés dans leurs terres, la reffource de l'intervention de la Caiffe d'Efcompte pour acquitter fes engagemens lui étoit interdite. Je profite de cette occafion pour rendre un témoignage public à cette claffe d'hommes à laquelle j'ai l'honneur d'appartenir, à ces commerçans fi utiles, à ces marchands fi actifs, à ces ouvriers fi laborieux qui vont enfin jouir d'une confidération méritée qu'un préjugé barbare leur refufoit depuis fi long-temps. Oui, Meffieurs, c'eft fur eux que pèfe davantage une révolution qui, en faifant le bonheur de l'Empire, diminue la profpérité de la Capitale. Eh bien, ils ne profitent pas de ces circonftances pour fe fouftraire à leurs engagemens; ils les acquittent avec fidélité, & foigneux de conferver cet antique honneur François qui commençoit à s'éteindre, ceux qui ne peuvent les remplir en totalité s'adreſſent avec confiance à leurs Créanciers, bien sûrs d'en obtenir tous les délais qui leur ſont néceſſaires.

Béniſſons donc cette révolution, qui en reſſerrant tous les liens qui attachent entr'elles les claſſes de la ſociété, n'a fait de tous les habitans de cette ville qu'un peuple de frères.

Je ne combattrai pas, Meſſieurs, le moyen qu'on vous a offert pour remplacer les billets de la Caiſſe d'Eſcompte : il me ſemble que ce ſeroit abuſer de vos momens que de vous démontrer les inconvéniens multipliés d'un papier nouveau, qui ne pourroit offrir aux porteurs des ſûretés plus grandes que celles qui accompagnent aujourd'hui l'ancien.

Il me ſemble enfin qu'un effet qui eſt garanti par la Nation, qui eſt cautionné par 170 millions d'aſſignats, au rembourſement duquel eſt obligée une Compagnie qui a un actif réel de 102 millions, ne peut être remplacé avec avantage pour le public par un qui n'offrira pas des gages plus ſolides.

Le plan que vous ont propoſés vos Commiſſaires dans leur rapport du 31 Janvier, a rencontré encore un adversaire redoutable dans la personne de M. Briffot de Warville. Je respecte ses talens, mais je ne puis partager ses opinions : je suis encore obligé de répéter ici que je ne suis pas le défenseur de la Caisse d'Escompte, que je ne considère cet établissement que sous les rapports que les circonstances & l'Assemblée Nationale ont établis entre la Nation & lui. Je me trouve forcé de vous rappeler l'époque où M. Necker fut reporté au ministère des Finances; vous n'avez sans doute pas oublié, Messieurs, que son prédécesseur, M. l'Archevêque de Sens, après avoir épuisé tous les moyens qui étoient en sa puissance, fut forcé de suspendre le paiement des rentes, celui de tous les effets publics à époque fixe, & que la réclamation universelle que cette suspension occasionna, le précipita de la place qu'il occupoit.

M. le Directeur-Général, à son arrivée, ne trouva ni argent dans les coffres, ni papier avec lequel il pût s'en procurer. Je dois vous dire, à cet égard, que les fonds provenans de l'emprunt ouvert en faveur des grêlés avoient été employés à un autre usage ; que ce qui devoit être la ressource de nos Campagnes désolées, que ce qui devoit adoucir & réparer en partie la ruine des cultivateurs n'avoit pas même été respecté. M. Necker regarda autour de lui, & se trouva seul avec son courage : il s'adressa alors à la Caisse d'Escompte, à laquelle il ne cacha pas la situation des affaires, & elle lui fournit les premiers secours avec lesquels il prépara la convocation des Etats-Généraux.

Je puis donc dire, avec un écrivain aussi connu par sa probité, par son patriotisme, que par ses talens littéraires, que si la Caisse d'Escompte se fût refusée aux instances du Ministre, que si à la vue du gouffre entr'ouvert devant elle, elle eût reculé, la chose publique eût péri, & que nous serions encore esclaves (1).

Je supplie les vrais amis de la Patrie, qui sont ceux de la liberté, de ne pas perdre de vue cette idée, & peut être alors ils sauront quelque gré à une société qui, quoiqu'en disent les personnes qui voudroient élever leurs projets sur ses ruines, s'est exposée pour le salut de l'Etat. Je suis persuadé que l'Assemblée Nationale, après l'examen, & la discussion des différens plans relatifs aux Finances qui lui ont été présentés, après avoir entendu le rapport que lui ont fait ses Commissaires, de la situation de la Caisse d'Escompte, rapport dans lequel

---

(1) M. Dupont.

sont détaillées d'une manière très-précise toutes les avances qu'elle a faites au Gouvernement, rapport qui constate que son actif supasse de 102 millions son passif, a préféré cet établissement qui étoit tout fait, à celui à faire d'une Banque Nationale dont les opérations ne pouvoient être plus avantageuses pour l'Etat, & que, puisqu'il falloit remplacer l'absence de l'argent par un numéraire fictif, celui de la Caisse d'Escompte méritoit à tous égards la préférence.

Je ne vous dissimulerai pas que j'ai été fort étonné d'entendre dire à M. Brissot de Warville que la perception des subsides étoit toujours la même, sauf le vuide des Aides, de la Gabelle, & de la Ferme du Tabac : ce langage, dans la bouche d'un homme aussi éclairé, est une preuve bien triste de cette vérité que les meilleurs esprits peuvent aussi devenir les apôtres de l'erreur.

Comment a-t-il pu regarder comme une bagatelle des objets qui rapportent annuellement 160 millions, & dont la non-perception ajoute encore à la masse déja trop considérable du déficit ? Nous savons tous que les Provinces n'acquittent pas leurs contributions, & que, malgré les réductions prodigieuses qui ont été faites dans tous les Départemens des Ministres, dont les dépenses relatives à la maison de Sa

Majesté, l'on ne peut encore se flatter que la recette balance la dépense.

M. Brissot de Warville paroît inquiet de l'emploi des espèces que la fonte de l'argenterie a produites : je l'engagerai à feuilleter le Journal de Paris, & il y verra que le détail de ce qui a été envoyé à la Monnoie y est exactement consigné : je l'engagerai encore à voir le Directeur du Trésor public, & il apprendra qu'il a fallu faire passer ces espèces pour la solde des troupes de terre & de mer, puisque la recette des Provinces n'a pu y suffire.

Ecartons donc loin de nous les idées de défiance; & n'ajoutons pas à nos maux réels ceux que se crée l'imagination.

Il faut encore que je revienne à la Caisse d'Escompte, à laquelle on fait le reproche de ne pas affecter à ses billets l'intérêt que la Nation lui paye pour les 170 millions d'assignats. J'avoue que c'est de tous les griefs qu'on élève contre elle celui qui paroît le mieux fondé. Je dois cependant dire pour l'intérêt de la vérité que la Caisse d'Escompte ne doit pas jouir de ce bénéfice, puisqu'il est réservé aux personnes qui acheteront des assignats, & qu'elles en jouiront, à compter du premier Janvier dernier, telle que soit l'époque où elles en feront l'acquisition ; que si on accorde une prime aux billets de Caisse, il faudra que ce soit l'Etat qui la paye, que cette prime nuira à la vente des assignats qui peuvent être achetés avec toutes sortes d'avantages, puisqu'ils seront remboursés à l'époque & dans le lieu qu'indiquera l'acheteur, & qu'enfin ils sont divisibles par 200 liv., 300 & 1000 liv., sommes qui représentent la valeur des billets de Caisse ; que si enfin on accorde une prime à ces derniers, il est probable qu'elle nuira à la négociation des effets de commerce, parce qu'un capitaliste bien éclairé sur ses intérêts, préférera toujours un billet de Caisse, quoique produisant moins, à un effet qui lui rapporteroit plus, mais qui, tel solide qu'il pût être, ne vaudra jamais celui qui est garanti par la Nation. Au surplus, ce moyen est au nombre des ressources que le premier Ministre se propose d'employer, si l'organisation actuelle des Municipalités ne produit pas promptement pour le recouvrement des deniers publics les heureux effets qu'on en espère.

Je ne puis croire à la sincérité du moyen que propose M. Brissot de Warville, quand il vous engage à demander qu'on établisse dans chacun des 60 Districts un bureau de changeur qui recevra de la Caisse d'Escompte 500 liv. d'appointemens, & qui aura la liberté d'acheter les billets de la Caisse au cours que l'abondance ou la rareté des espèces auront fixés. J'ai pensé que l'auteur de cette proposition avoit voulu égayer la matière grave qu'il discutoit, par une plaisanterie dont le barreau nous a offert quelquefois des exemples. L'honnêteté de M. Brissot de Warville lui auroit fait rejetter cette idée, s'il eût fait attention qu'un pareil établissement fourniroit aux ennemis de la Caisse d'Escompte le prétexte de la décrier, en disant que c'est elle qui fait vendre le numéraire. Malgré la différence de nos opinions, je suis trop persuadé de la pureté de ses vues pour croire qu'il ait eu l'intention d'avilir son administration en la faisant concourir à un trafic qui, quoiqu'il en dise, n'honorera jamais ceux qui s'y livreront. Bornons-nous à tolérer un mal devenu inévitable par la force des circonstances ; mais refusons l'estime à ceux qui, dominés par l'intérêt, sont assez malheureux pour ne pas connoître les douces émotions que fait éprouver aux ames vertueuses l'amour de la Patrie.

M. Brissot de Warville reproche encore à vos Commissaires le refus qu'ils font d'admettre des billets au-deſſous de 200 liv., & il vous invite à demander qu'il en ſoit créé de 48., 96 & 192 liv.

Je lui répondrai que ce n'eſt que d'après les plus mûres réflexions, que ce n'eſt qu'après avoir conſulté les perſonnes les plus expérimentées, qu'ils ſe ſont refuſés à ce moyen qui, loin de rendre le numéraire à la circulation, ne feroit que multiplier les facilités de l'y ſouſtraire. Il ajoute à cette émiſſion de nouveaux billets, la condition qu'ils ſeront payés à bureau ouvert trois jours par ſemaine.

Je le prie de remarquer que ces paiemens ne manqueroient pas de raſſembler dans le même lieu un grand nombre de Citoyens, & que les agens de nos ennemis profiteroient de cette circonſtance pour égarer des eſprits qui, dans les temps difficiles où nous ſommes, ne ſont que trop avides des impreſſions qui pourroient troubler la tranquillité, & avoir les ſuites les plus funeſtes pour la proſpérité publique.

Me voilà arrivé à celui de tous les reproches que M. Briſſot de Warville fait à vos Commiſſaires, qui m'a paru être le moins mérité. Je veux parler de l'eſpérance qu'ils vous ont donnée que les principales Villes du royaume admettroient dans leur ſein des billets fournis par la

Caisse d'Escompte, payables à vue & à ordre ; lesquels seroient acquittés dans chacune d'elles par des Correspondans de cette Caisse. Il vous assure que nos Provinces s'y refuseront, & moi, je puis vous attester qu'il y en a déja qui les demandent. Quel intérêt a-t-il donc à nous arracher un espoir aussi consolant pour nous qu'honorable pour nos frères des Provinces ? Je voudrois qu'il eût été témoin de l'empressement avec lequel leurs Députés ici, après avoir examiné les avantages & les dangers que ce projet pouvoit produire, ont promis de le seconder. Ah ! qu'il étoit touchant ce tableau qu'offroit cette réunion d'Habitans de tous les points de l'empire, qui sacrifioient au patriotisme, dont leurs cœurs sont embrâsés, les restes d'un préjugé qui parloit encore contre les billets de la Caisse ! Oui, Messieurs, c'est avec joie que je profite de cette occasion pour rendre à ces hommes respectables la justice éclatante que méritent leur dévouement & leur zèle pour le soulagement de la Capitale.

Comme il est doux présentement d'être François, depuis qu'elles sont détruites ces lignes de démarcation, qui en séparant nos Provinces, les rendoient étrangères les unes aux autres, & depuis que l'habitant des rives du Rhin ne verra plus qu'un frère dans celui qui habite les bords de l'Océan.

M. Briſſot de Warville vous a dit qu'il n'y avoit pas moyen que le commerce ſe ſervît utilement pour la Province des billets de la Caiſſe, parce qu'il en coûteroit 5 pour cent pour en aſſurer le tranſport par la poſte. J'aurai l'honneur de lui obſerver que ceux dont il eſt queſtion ne ſeront pas ſuſceptibles de ce droit, puiſqu'ils auront la forme des lettres-de-change, & qu'il n'eſt jamais arrivé que des Négocians ayent payé une prime pour faire paſſer ſûrement les remiſes qu'ils font à leurs Correſpondans. Il ajoute encore un reproche à tous ceux qu'il a adreſſés à vos Commiſſaires, en les blâmant de n'avoir pas exigé que la Caiſſe d'Eſcompte faſſe le paiement journalier d'une ſomme égale à celle que le Public deſire. Vos Commiſſaires vous ont dit avec vérité que jamais la Caiſſe n'avoit pris d'engagement à cet égard, & qu'ils ne pouvoient lui preſcrire une loi que l'Aſſemblée Nationale n'avoit jugé ni prudent, ni convenable de lui impoſer. Vos Commiſſaires vous ont encore dit avec vérité que c'étoit elle qui fourniſſoit tous les jours le prêt des Gardes Nationales Pariſiennes ſoldées; que c'étoit elle qui faiſoit les fonds deſtinés au paiement des Ouvriers employés dans les travaux publics, & qu'elle s'engageoit en outre de payer par mois deux millions cinq cents mille livres, pour lesquels ils vous ont offert un mode de répartition qu'ils ont soumis à votre sagesse.

Je crois, Messieurs, avoir répondu à toutes les plaintes qu'on a élevées, tant contre la Caisse d'Escompte, que contre le rapport de vos Commissaires.

Je pense donc que vous n'adopterez pas le projet d'adresse qui vous a été proposé, pour demander à l'Assemblée Nationale qu'elle ordonne la liquidation d'une Caisse qu'elle a jugé utile dans les circonstances où nous nous trouvons.

Je pense donc que vous ne la prierez pas de substituer aux billets de la Caisse qui doivent être retirés de la circulation d'ici au premier Juillet prochain, un papier qui, en portant un intérêt de 5 pour cent, nous rappelleroit celui dont l'existence a dans les premières années du règne du feu Roi, occasionné le renversement de toutes les fortunes.

Je pense donc que vous ne lui demanderez pas qu'elle change ses Décrets des 19 & 21

Décembre dernier, ni qu'elle autorife, par l'établiffement de 60 Bureaux de Changeurs libres dans leurs prétentions, la vente des efpèces qui, fans l'aftuce des ennemis de la révolution, fe montreroient auffi ouvertement que par le paffé.

Je penfe donc que vous ne demanderez pas qu'il foit créé des billets de 48, 96 & 192 l., parce que vous appercevrez que leur préfence ne feroit qu'aggraver le mal auquel vous voulez apporter des adouciffemens.

Je penfe donc que vous ne demanderez pas qu'il foit ajouté une prime aux billets de Caiffe, parce que vous fentirez qu'elle nuiroit à la vente des affignats, & pourroit être très-préjudiciable aux effets du commerce dont elle gêneroit la négociation.

Je penfe donc, que pénétrés de refpect pour l'Affemblée des Légiflateurs fuprêmes de la Nation, vous ne lui ferez par l'injure de lui demander qu'elle change fon Comité de Finance, & que par l'expreffion d'un vœu auffi contraire à la foumiffion que nous lui devons, vous ne démentirez pas l'adhéfion formelle que vous avez donnée à tous fes Décrets, & qu'enfin la Capitale n'offrira pas le dangereux exemple d'une prétention qui réaliseroit l'espoir de nos ennemis par les conséquences terribles qu'elle entraîneroit.

Le moment approche, Messieurs, où nous allons être remplacés, où d'autres amis de la chose publique viendront remplir à leur tour l'honorable, mais pénible devoir de veiller pour leurs Concitoyens; & nous, nous retournerons dans nos Districts, nous rentrerons dans nos familles, & nous y porterons cette douce satisfaction qui est la récompense d'une conscience pure. Ne souffrons donc pas qu'aucun sentiment douloureux vienne mêler son amertume au souvenir des soins que nous avons pris pour répondre dignement à la confiance de nos Commettans. A ce témoignage secret qui fait le bonheur de l'homme de bien, se réunira l'estime de ceux qui nous ont choisis; & ils nous la refuseroient, cette estime, si nous pouvions oublier un moment que nous sommes les Représentans d'un Peuple qui a pour l'Assemblée Nationale cette tendre vénération, ce profond respect qui fait l'union des pères & des enfans.

Je supplie les honorables Membres, dont j'ai combattu les opinions, de croire qu'aucun sentiment étranger à l'amour de mon Pays, à celui que j'ai voué à mes Concitoyens de toutes les classes, ne m'a inspiré, & que si j'adhère aux conclusions qui vous ont été présentées par vos Commissaires, c'est parce que je pense que nous ne pouvons prendre un parti plus analogue aux circonstances, & plus salutaire pour la Capitale.

NOTE DE L'ÉDITEUR.

M. Brissot de Warville, dans le Discours qu'il a lu à l'Assemblée de la Commune le 10 Février, a dit que tous les subsides étoient en pleine recette, à l'exception cependant des Aides, de la Gabelle & de la ferme du Tabac. Il s'y est plaint de ce que l'on ne connoissoit pas le montant de la vaisselle d'argent & des bijoux envoyés à la Monnoie, & enfin de ce que le Public ignoroit l'emploi des espèces qui en étoient le produit.

Il y a de plus invité les Représentans de la Commune à supplier l'Assemblée Nationale de changer les Membres de son Comité de Finance.

A Paris chez CLOUSIER, Imprimeur, rue de Sorbonne.

www.ingramcontent.com/pod-product-compliance
Lightning Source LLC
Chambersburg PA
CBHW070452080426
42451CB00025B/2712